ITAIRE
656

AF309724

RAPPORT ANNUEL

SUR LE MOUVEMENT

COMMERCIAL ET MARITIME

DE

NANTES ET DE SES AVANT-PORTS

PENDANT L'ANNÉE 1865,

**Adressé aux Sénats des Villes libres hanséatiques
Hambourg, Brême et Lübeck,**

PAR

Marius BARDOT,

Consul de S. M. le Roi de Prusse et des Villes libres Hanséatiques.

NANTES,

IMPRIMERIE DE VINCENT FOREST ET ÉMILE GRIMAUD,
Place du Commerce, N° 4.

—

1866.

RAPPORT ANNUEL

SUR LE MOUVEMENT

COMMERCIAL ET MARITIME

DE

NANTES ET DE SES AVANT-PORTS

PENDANT L'ANNÉE 1865,

Adressé aux Sénats des Villes libres hanséatiques
Hambourg, Brême et Lübeck,

PAR

Marius BARDOT,

Consul de S. M. le Roi de Prusse et des Villes libres Hanséatiques.

NANTES,

IMPRIMERIE DE VINCENT FOREST ET ÉMILE GRIMAUD.
Place du Commerce, N° 4.

1866.

RAPPORT ANNUEL

SUR LE MOUVEMENT

COMMERCIAL ET MARITIME

DE

NANTES ET DE SES AVANT-PORTS

PENDANT L'ANNÉE 1865.

PRODUITS DU SOL.

CÉRÉALES.

Froment. — Pendant les six premiers mois de l'année 1865, les affaires en froment et en farines pour l'Angleterre, dont les marchés sont le principal débouché de la place de Nantes, ont été sans animation. Les prix du froment, qui par suite d'une demande accidentelle du Portugal s'étaient maintenus avec fermeté jusqu'au mois de mai, éprouvèrent en juin et en juillet, aux approches de la nouvelle récolte, une baisse de 75 centimes à 1 franc par hectolitre.

Mais le mauvais temps qui régna à l'époque de la moisson, les plaintes qui s'élevèrent sur le rendement, principalement dans le sud de la France, réveillèrent la spéculation, et de la fin de juillet à la fin d'août les prix subirent une augmentation de 1 fr. 50 à 2 fr. 50 par hectolitre.

Cette augmentation se serait difficilement maintenue si l'Angleterre, sous l'influence de la mauvaise qualité et du faible rendement de sa propre récolte, de même que par suite de la cessation totale des importations des des Etats-Unis, n'avait fait en octobre des achats considérables dans les ports français et n'avait ainsi contribué à arrêter la baisse qui s'y manifestait.

A partir de novembre les ordres d'achat se sont beaucoup ralentis, ils avaient presque complètement cessé à la fin de l'année ; néanmoins il restait encore des livraisons importantes à effectuer à terme qui, en maintenant les cours, les ont rendus insensibles aux fluctuations des marchés étrangers.

Dans le département de la Loire-Inférieure, de même que sur les côtes de la Vendée et de la Bretagne, la récolte ayant pu être terminée avant les pluies a donné un résultat très-satisfaisant comme qualité, la quantité a été celle d'une année moyenne.

Par contre, dans quelques centres principaux de l'intérieur, tels que la Sarthe, la Mayenne, le haut de la Loire, qui expédient habituellement leurs excédants sur le marché de Nantes, la récolte a beaucoup souffert de la pluie; le froment de cette provenance, qui compte parmi les plus beaux de la France, n'a pesé en moyenne que 73 à 75 kil. par hectolitre au lieu de 78 à 80 kil., poids des deux années précédentes.

Le même état de choses s'est produit au nord et au sud de la France, et l'on doit certainement aux approvisionnements importants qui restaient des deux abondantes récoltes antérieures, que les prix n'aient pas subi une hausse prononcée, en présence d'un déficit estimé à dix pour cent au-dessous de la moyenne, et des exportations considérables qui s'effectuaient pour l'Angleterre.

Farines. — A l'égard des farines les expéditions ont été importantes toute l'année, et principalement pendant les deux derniers mois, bien que la demande se soit arrêtée en novembre comme pour les froments, les chargements n'en ont pas moins continué à être effectués en exécution des marchés antérieurs, dont la livraison s'étend jusqu'au mois d'avril prochain.

Jusqu'à la fin de juillet les prix sont restés stationnaires de 44 à 48 francs, ils se sont ensuite rapidement élevés de 51 à 57 francs, suivant qualité, par culasse de 159 kil., et demeurent nominaux à ces cours à la fin de l'année. Aujourd'hui bien qu'à 2 francs au-dessous de ces cotes, les ventes tant en disponible qu'à livrer sont impossibles à effectuer.

Seigle. — La récolte de seigle a été abondante et de bonne qualité, variant d'un poids naturel de 74 à celui de 76 kil. par hectolitre. Par suite de la mauvaise récolte de ce grain en Allemagne et de la spéculation qui s'y est attachée, on a fait dans les ports de la Bretagne des achats considérables, à livrer jusqu'en avril, non-seulement pour l'Allemagne, mais pour la Hollande, la Suisse et la Norwége. Les prix qui, au commencement de l'année étaient de 9 fr. 50 les 75 kil., se sont graduellement élevés jusqu'à 12 francs 50 pour livraisons à effectuer au printemps. Néanmoins l'article reste actuellement calme et est offert à 12 francs.

Orge. — L'orge, comme le froment, a souffert de l'humidité, tant pour le rendement que pour la qualité, et les expéditions pour l'Angleterre ont donné lieu à de nombreuses plaintes. Les prix ont débuté en septembre à 10 francs 25 et sont aujourd'hui de 11 à 12 francs les 65 kil. Les approvisionnements sont déjà beaucoup réduits.

Sarrasin. — Cette année, comme la précédente, le sarrasin a fourni un excellent résultat et les cours qui, par suite de demandes actives de la Hollande, étaient montés en avril jusqu'à 10 francs, ont rétrogradé peu à peu jusqu'à 8 francs les 65 kil., prix auquel l'article demeure offert. Les exportations n'ont pas été considérables depuis l'été et les approvisionnements en magasin atteignent un chiffre fort élevé.

Avoine et Fèves. — L'avoine et les fèves n'ont produit qu'une faible récolte et sont rares et chères.

De ce qui précède on voit déjà que les importations de céréales ont dû être complétement nulles à Nantes pendant l'année 1865; c'est ce qu'établissent en effet les documents de la Douane. Les exportations ont atteint un chiffre considérable qui aurait été encore plus élevé si, dans les derniers mois de l'année, le manque de navires n'eût entravé les expéditions.

Il a été exporté de Nantes :

En	1863	90,630,000 kil.
	1864	81,570,280
	1865	151,125,760

Ce dernier chiffre se décompose comme suit :

Froment	55,590,300 kil.	
Orge	35,343,100	
Seigle	3,240,860	
Sarrasin	4,042,200	
Avoine	188,700	
Maïs	2,700	
Farine de froment	52,717,900	151,125,760 kil.

Le froment, l'orge et les farines ont été presque entièrement exportés pour l'Angleterre, le seigle a été dirigé sur les Pays-Bas, Hambourg et la Norwége; quant au sarrasin il a été exclusivement adressé en Hollande. Aucun envoi direct de grains ou farine n'a eu lieu pour les ports des états du Zollverein.

Nous complétons ces renseignements en donnant le cours des grains pendant l'année 1865.

TABLEAU

du cours des Grains et Légumes sur la place de Nantes pendant l'année 1865.

DÉSIGNATION DES ESPÈCES.	BASE DU PRIX.		PRIX		
			Le plus bas.	Le plus haut.	Moyen.
			F. C.	F. C.	F. C.
Froment 1re qualité..........	Hect.	80 kil.	15 75	18 50	17 07
2o do	»	80	15 25	18 »	16 60
Seigle.....................	»	75	9 50	12 25	10 40
Sarrazin...................	»	65	7 25	10 »	8 36
Orge 1re qualité.............	»	65	9 50	11 50	10 35
2e do	»	65	8 50	10 50	9 35
Avoine....................	»	50	7 75	9 »	8 20
Farine 1re qualité...........	Le sac.	159	47 »	55 »	50 25
2e do	»	159	44 »	52 »	47 25
Fèves.....................	Hect.	75	» »	» »	13 75

VINS.

Les vins blancs, ainsi que nous l'indiquions dans notre dernier rapport, se récoltent en quantité assez importante dans la Loire-Inférieure. On estime à 40,000 hectares l'étendue des vignobles de ce département, et à un million de barriques le produit obtenu en 1865.

Le vin de muscadet se consomme presque entièrement dans le département et dans les départements limitrophes. Cependant, par suite du manque de cidre, il en a été fait cette année quelques envois en Bretagne.

Quant au gros-plant, son emploi est plus varié : environ 40,000 barriques ont servi à la fabrication du vinaigre ; des envois de gros-plant ont eu lieu pour Paris, Rouen, le Havre et Caen, etc., où ce vin est employé à couper les vins rouges du Midi ; ce qui reste ensuite sur les lieux de production sert à la consommation locale.

Dans les dernières années plusieurs propriétaires ont converti en eau-de-vie le vin de gros-plant, qui contient de 7 à 8 pour cent d'alcool, mais la quantité d'eau-de-vie ainsi obtenue n'entre pas dans le commerce et se consomme, le plus souvent, chez le producteur.

Les vins de la Loire-Inférieure ne s'exportent pas; le prix du gros-plant est de 25 à 26 fr. et celui du muscadet de 33 à 35 fr. par barrique de 230 litres prise au vignoble.

SELS.

Les salines de l'Ouest s'étendent sur les côtes de l'Océan, depuis l'embouchure de la Gironde jusqu'au département de la Manche; les principales sont celles de la Charente-Inférieure, de la Vendée et de la Loire-Inférieure.

Elles occupent une superficie de 16,000 hectares, il y a de 25 à 30 œillets par hectare, ce qui porte le nombre des œillets à 400,000. En 1865, la récolte a été d'environ 500 kil. par œillet, soit pour la production entière, 200 millions de kilog.

Le département de la Loire-Inférieure qui renferme 2,186 hectares de marais salants a produit les quantités suivantes de sel :

1861................	47,627,200 kil.
1862...............	36,524,330
1863..............	87,711,000
1864..............	77,719,200
1865..............	37,124,590

Il y a donc eu cette année une production inférieure, de plus de moitié, à celle de l'année dernière; les prix du sel, néanmoins, ne se sont pas relevés et les propriétaires écoulent difficilement leurs produits au prix de dix à douze francs les mille kilog. franco à bord de navires.

L'exportation du sel pour la Norwège a été très-restreinte ; elle ne s'élève qu'au chiffre de 1,873,250 kil.

Le cabotage a enlevé pour la consommation intérieure 27,725,940 kil., et la pêche de la sardine a employé 996,266 kil.

COMMERCE GÉNÉRAL.

SUCRE.

Le sucre demeure toujours l'article le plus important du commerce de Nantes, celui qui est pour sa marine et son industrie le principal élément de vitalité, en même temps qu'il procure au Trésor une recette annuelle d'environ vingt millions de francs.

La colonie de la Réunion fournit à Nantes la majeure partie des sucres importés dans cette ville, c'est aussi avec cette colonie que les rapports de Nantes ont le plus d'importance et que la navigation du long-cours se trouve le plus spécialement engagée.

Les expéditions de sucre de la Réunion ont atteint pendant les dernières années les chiffres suivants:

1861—1862 de kil. 53,366,834 sur quoi Nantes a reçu par 64 nav. 32,680,590.
1862—1863 —   63,910,546   —   56 — 32,047.301.
1863—1864 —   34,988,106   —   37 — 19,051,723.
1864—1865 —   39,446,192   —   46 — 26,291,396.

Il y a eu dans la dernière année une amélioration sensible sur la précédente; la prochaine campagne s'annonce encore bien plus favorable, on en estime le rendement à 60,000,000 de kilog., ce serait presque le chiffre de la récolte de 1862-63.

Les colonies des Antilles également mieux partagées qu'en 1864, ont expédié à Nantes des quantités de sucre supérieures à celles de l'année précédente.

Les derniers documents, parvenus de la Guadeloupe et de la Martinique. indiquent que l'exportation totale des sucres de ces colonies pendant 1865 a été :

Pour la Guadeloupe de 24,447,337 kil., contre 15,784,309 en 1864.
Pour la Martinique   30,491,467 —   —   24,161,246   —

Cette augmentation dans la production française n'a pas eu pour effet de diminuer l'importance des introductions de sucres étrangers, dont le chiffre est resté à peu près le même que celui de l'année 1864.

Voici quelles sont les quantités de sucre importées à Nantes en 1865 et leur provenance.

Sucre des colonies françaises :

Ile de la Réunion.........	25,343,531 kil.	
La Guadeloupe............	5,676,327	
La Martinique............	2,714,653	
Mayotte.................	1,938,720	35,673,231 kil.

Contre... 28,260,227 en 1864.

Sucre des pays étrangers :

Entrepôts anglais.........	396,458 kil.	
Maurice.................	10,174,583	
Java...................	1,547,855	
Brésil..................	297,281	
Havanne................	10,369,586	
Autres provenances.......	487	22,786,250 kil.

Contre... 23,053,147 en 1864.

TOTAL GÉNÉRAL DES IMPORTATIONS....... 58,459,481 kil.

Le déficit d'environ 10 millions de kilogrammes qui s'était produit dans les expéditions coloniales en 1864, avait fait baisser le total des importations au-dessous de la moyenne des années précédentes. Ce déficit se trouvant en partie comblé en 1865, le chiffre des importations générales tend à reprendre son niveau habituel, ainsi que le démontrent les résultats suivants :

Il a été importé en 1861.....	63,640,300 kil.
1862.....	66,341,600
1863.....	60,210,200
1864.....	51,586,374
1865.....	58,459,481

Néanmoins ce dernier chiffre doit se réduire des réexportations de sucre brut pour l'Angleterre, s'élevant à 2,759,400 kilog.

Les quantités de sucre employées par les raffineries de Nantes ont été pendant les dernières années de

1861.....	59,157,437 kil.
1862.....	59,864,748
1863.....	63,322,200
1854.....	46,594,000
1865.....	52,044,300

Les sucres raffinés passent pour la majeure partie à la consommation intérieure; cependant l'exportation a pris une certaine extension pendant les dernières années et tend à s'accroître journellement. La demande des raffinés a été active, vers la fin de 1865, pour le nord de l'Europe et pour l'Angleterre, où le degré de blancheur et de finesse des sucres nantais leur fait accorder une préférence sur les produits hollandais.

Nantes avait exporté en	1862.....	10,589,900 kil.
	1863.....	13,319,870
	1864.....	9,596,962
L'exportation a été en 1865 de..		11,369,095

Cette exportation se trouve répartie comme suit :

Pour la Russie....................	3,000 kil.
la Suède...................	1,084,948
la Norwège......	594,729
le Danemark	771,742
les Villes libres hanséatiques.	607,937
le Mecklembourg...........	335,524
l'Angleterre...............	2,194,918
le Portugal.................	1.650
l'Espagne.................	16,275
l'Italie...................	4,181,777
la Suisse...................	1,188,081
Tunis et Maroc............	212,507
l'Algérie..................	61,468
les Colonies françaises, etc...	17,768
	11,272,324
Il est en outre sorti par Saint-Nazaire...	96,771 11,369,095 kil.

Les mélasses ont été l'objet d'une demande constante pour le Nord de l'Europe, les envois qui avaient été en 1862 de kil. 1,207,100

1863	—	1,146,922
1864	—	1,385,400

se sont élevés en 1865 à...................... 1,824,938 et ont été répartis entre les pays suivants :

Pour la Russie..............	126,000 kil.
la Suède..............	437,004
la Norwège..........	329,431
le Danemark..........	210,450
les Villes libres........	272,800
le Mecklembourg......	51,279
l'Angleterre..........	136,500
autres destinations.....	7,062
	1,570,526 kil.
Expédiés par Saint-Nazaire...	254,412

1,824,938 kil.

CAFÉ.

L'importation des cafés a été un peu plus forte en 1865 qu'en 1864, l'augmentation est de 380,000 kil., mais c'est là un chiffre encore bien faible.

Il a été reçu en 1862..................	2,237,206 kil.
1863..................	3,719,531
1864..................	2,040,767
1865..................	2,420,057

Les lieux principaux d'expédition ont été pour 1865 :

des entrepôts anglais........	230,366 kil.
de Maurice................................	463,403
des possessions anglaises dans l'Inde..........	324,413
— espagnoles —	325,439
de Venezula................................	249,148
d'Haïti....................................	660,959
des colonies françaises { Réunion..........	63,523
Martinique........	4,564
Guadeloupe...	23,430

Les importations directes des cafés de l'Inde avaient autrefois pour la navigation de Nantes une importance sérieuse, mais depuis le décret du 24 juin 1861 qui a réduit à 5 fr. par 100 kil. la surtaxe qui frappe les cafés venant des entrepôts d'Europe, les arrivages directs ont à peu près complétement cessé.

CACAO.

La légère amélioration que nous signalions l'année passée sur les introductions de cacao s'est maintenue en 1865.

Voici les chiffres des importations :

    1862............... 832,639 kil.
    1863............... 734,366
    1864............... 919,921
    1865............... 1,720,877

Les provenances principales sont le Brésil, la Havane et la Trinidad.

RIZ.

L'importation directe de ce grain n'a pas suivi la progression remarquée dans les années précédentes; il y a eu en 1865 une réduction considérable sur le chiffre de 1866, ainsi que l'indiquent les résultats suivants :

    1862............... 3,608,725 kil.
    1863............... 1,541,322
    1864............... 2,581,786
    1865............... 772,095

COTON.

Malgré la cessation de la guerre d'Amérique la situation de l'industrie cotonnière dans la Loire-Inférieure ne s'est pas améliorée; les travaux n'ont pas encore repris dans les filatures, et les importations ont été, pendant l'année écoulée, au-dessous de ce qu'elles avaient été en 1864 :

Il a été introduit les quantités suivantes :

    1862............... 391,700 kil.
    1863............... 112,923
    1864............... 233,162
    1865............... 197,310

Les lieux de provenance sont le Brésil, la Havane, le Mexique et le Pérou, il n'y a eu aucun arrivage des États-Unis.

On doit cependant faire observer que les chiffres ci-dessus n'ont qu'une signification très-restreinte, parce que les approvisionnements se font surtout au Havre, et arrivent ici par voie de terre, ou par caboteurs.

BOIS DE CONSTRUCTION.

Les bois de construction et de mâture sont, comme nous avons déjà eu occasion de l'indiquer, le seul article qui donne lieu à des rapports directs entre les ports de la Prusse et le port de Nantes.

Les sortes de bois que l'on importe le plus généralement de Prusse sont les poutres de sapin, les poutrelles, les planches de chêne, et relativement peu de merrains.

Des mâts de Dantzig ont été reçus en certaine abondance en 1865; mais ces mâts, surtout dans les grandes longueurs, ont présenté beaucoup de défauts, et le commerce préfère s'approvisionner désormais en mâts de Van-Couver, dont la qualité est supérieure.

Les quantités de bois introduites directement de la Prusse, cette année, dépassent d'environ 500 lasts les importations de l'année précédente.

Vingt navires prussiens, d'une capacité de 3,550 lasts, ont pris part au transport des bois expédiés à Nantes en 1865; il avait été employé en 1864 vingt-et-un navires jaugeant seulement 2,650 lasts, il y a donc eu dans le seul fait de transport une augmentation de 900 lasts en faveur du pavillon national.

Voici quels sont les chiffres comparatifs des quantités de bois de construction, de toutes provenances, importés à Nantes pendant ces dernières années :

1862................	18,634,000 kil.
1863................	21,554,100
1864................	35,458,653
1865................	33,222,590

La part proportionnelle de la Prusse dans ce dernier chiffre est de 8,582,287 kil.

Le détail des importations de bois, effectuées en 1865, se trouve consigné dans le tableau suivant qui indique également quelle part la Prusse a prise dans ces importations.

ESPÈCES DE BOIS.			IMPORTATIONS.	
			de toutes provenances.	spécialement de Prusse.
CHÊNE	madriers bruts ou équarris....... stères.		1.080	563
	scié de plus de 80 m/m d'épaissseur.	—	639	639
	— moins —	— mètres	177.386	177.386
SAPIN	madriers bruts ou équarris....... stères.		12.620	9.195
	scié de plus de 80 m/m d'épaisseur.	—	9.631	1.174
	— moins —	— mètres	4.217.524	12.125
MATS ... . pièces.			539	433
ESPARS..................................		—	2.632	10
MERRAINS................................		—	17.190	5.081

Le transport des quantités de bois introduites directement de la Prusse a été opéré des ports et par les pavillons suivants :

Le tonnage est exprimé en tonneau de jauge française.

	DE STETTIN.			DE DANTZIG.		
Pavillon de Prusse.....	14 nav. jaug'	3.136 ton.		6 nav. jaug'	2.204 ton.
— Russie.....	» —	»		1 —	255
— Hanovre ...	1 —	98		» —	»
— Pays-Bas...	5 —	497		» —	»
— France.....	4 —	589		» —	»
	24 nav. jaug'	4.320 ton.		7 nav. jaug'	2.459 ton.

Soit ensemble, en 1865....... 31 navires jaugeant 6.779 ton.

Contre, en 1864............. 34 — 5.945

En plus pour 1865................ 834 ton.

En dehors des introductions de bois du Nord, il a été reçu d'Amérique plusieurs chargements dont voici l'importance :

De Grand-River....	1 navire anglais......	190 tonneaux.
Québec........	3 — —	1,802 —
Richibucto.....	1 — —	314 —
Ramousky.....	1 — hanovrien....	603 —
Shediac........	2 — norwégiens..	678 —
ENSEMBLE...	8 navires	3,587 tonneaux.

HOUILLE.

L'importation de la houille d'Angleterre tend toujours à s'accroître; l'augmentation que nous avons à signaler cette année, sur les chiffres de l'année dernière, n'est pas moindre de 50,000 tonneaux; elle s'explique par le développement toujours plus considérable que prend l'industrie dans le rayon d'approvisionnement du port de Nantes, de même que par l'installation récente à Saint-Nazaire du service des paquebots transatlantiques sur la ligne d'Aspinwall.

Le transport des charbons est uniquement réservé aux navires français et anglais, à l'exclusion des autres pavillons. Il est à regretter que les dispositions si libérales du traité de navigation conclu avec la France, d'après lesquelles le pavillon français se trouve complétement assimilé dans les ports prussiens et hanséatiques au pavillon national, n'aient pas été réciproques, et que les navires prussiens, de même que les navires hanséates, soient empêchés de prendre part à la navigation indirecte.

Voici les chiffres comparatifs de la houille importée pendant les dernières années :

1862		179,463,000 kil.
1863		148,040,400
1864		190,316,468
1865, Nantes	141,718,700	
Saint-Nazaire	96,284,900	
Paimbœuf	2,307,200	240,310,800

Le transport en a été réparti entre les navires français et anglais dans la proportion suivante :

Pour Nantes (Chantenay et la Basse-Indre compris)	957 nav. fr.		152 nav. angl.	
Saint-Nazaire	173	—	124	—
Paimbœuf	8	—	»	—

FER ET FONTE.

Dans notre dernier rapport, nous annoncions que les forges et les hauts-fourneaux, situés dans l'arrondissement de Châteaubriant, avaient été obligés de s'arrêter, en présence de la concurrence qui leur était faite par les fers et les fontes venant de l'étranger; la situation n'a pas changé depuis l'année dernière, et ces établissements n'ont d'autre espoir de se relever que par l'exécution du chemin de fer de Laval à Nantes, qui, en facilitant les transports, permettrait de faire arriver à des prix convenables le charbon de terre au pied des hauts-fourneaux.

Les importations de fontes de fer brutes, de fers en barres et de tôles, en y comprenant les quantités admises temporairement par la douane à charge de réexportation, n'ont pas éprouvé de variations sensibles sur les chiffres des années précédentes, ainsi que l'indiquent les résultats suivants :

1862	fers	3,987,100 k.,	fontes	10,314,700 k.
1863		5,616,000		9,521,000
1864		4,384,565		8,638,046
1865		3,829,404		10,216,126

Nous faisons suivre ces indications du détail et de la provenance des quantités de fer et de fonte introduites à Nantes en 1865 :

Fonte de Suède..............	113,515 kil.	
— d'Angleterre	10,102,611	10,216,126 kil.

Fer en barres de Suède.........	1,442,692	
— de Belgique	535,957	
— d'Angleterre......	936,594	
Fer d'angle ou à T de Belgique...	9,280	
Fer feuillard — ..	142,887	
Fer étamé d'Angleterre.........	748,796	
Autres provenances	13,198	3,829,404

Il a été importé en outre des minerais de fer venant d'Espagne pour un poids de........................ 2,839,220

GUANO.

Le progrès signalé l'année dernière sur l'importation directe du Guano ne s'est pas maintenu en 1865; l'introduction de cet engrais ne s'est élevée qu'à la moitié de ce qu'elle avait été pendant les deux années antérieures, ainsi que l'indiquent les chiffres suivants :

1862...........................	4,017,066 kil.
1863...........................	14,151,000
1864...........................	16,001,070
1865...........................	8,113,522

Les importations ont été effectuées de Callao par

6 navires français jaugeant........	2,868	tonneaux.
1 navire américain jaugeant.......	994	—
3 navires anglais jaugeant........	2,582	—
10 navires, ensemble...	6,444	tonneaux.

RÉSIDUS DE RAFFINERIES POUR ENGRAIS.

Cet article donne lieu à un mouvement commercial et maritime très-actif; les besoins de l'agriculture tendent toujours à s'augmenter, l'emploi de cet engrais se généralise de plus en plus et les importations présentent une progression constamment croissante.

Voici les quantités fournies à Nantes par les pays étrangers :

1861...............................	4,761,000
1862...............................	5,398,021
1863...............................	5,175,540
1864...............................	7,392,930
1865...............................	9,118,002

Ces chiffres ne représentent, bien entendu, que les importations qui proviennent du dehors; il faudrait y ajouter la production des raffineries de Nantes, les envois qui se font de l'intérieur et les expéditions des différents ports français pour avoir le total de la consommation locale.

Voici quels sont les pays d'origine d'où sont parvenues les quantités reçues à Nantes en 1865.

Russie........................	838,000	kil.
Suède........................	55,000	
Pays-Bas.....................	2,957,000	
Belgique......................	498,000	
Hambourg	1,105,200	
Angleterre	2,473,419	
Portugal......................	993,620	
Espagne	125,000	9,045,239 kil.
Par Saint-Nazaire.............		72,763
Total des importations......		9,118,002 kil.

Les envois de Hambourg ont été effectués par 10 navires français jaugeant 748 tonneaux.

Parmi les quantités reçues des Pays-Bas figurent des chargements d'engrais venus de Cologne et embarqués à Dordrecht.

CONSERVES ALIMENTAIRES.

Cette industrie est l'une des plus importantes de la circonscription, elle comprend la préparation des beurres salés, du saindoux, des viandes salées, puis celle des sardines tant en boîtes qu'en barils et enfin les conserves de fruits et légumes.

L'exportation des beurres salés s'est élevée à 106,000 kil. contre 74,000 en 1864.

La même amélioration s'est fait sentir sur les viandes salées, dont la demande, sous l'influence de l'épizootie régnant en Angleterre, s'est bien soutenue pendant toute l'année; les expéditions ont atteint le chiffre de 1,743,000 kil. contre 1,337,000 en 1864.

Mais par contre, les graisses et le saindoux, de même que les sardines à l'huile, ont éprouvé une diminution sensible sur les chiffres des années précédentes.

En ce qui concerne les sardines, ce résultat est dû à la pêche de 1864, qui a été désastreuse, aussi bien qu'à celle de 1865, qui n'a donné qu'un médiocre rendement.

Les fruits ont été rares et la récolte des petits pois au-dessous de celle d'une année moyenne.

Ces conditions défavorables de fabrication ont été compensées par l'activité de la vente et des prix avantageux.

La reprise des affaires commerciales aux Etats-Unis, dont les marchés étaient démunis depuis le début de la guerre, jointe à des besoins importants qui se sont fait sentir sur plusieurs points, notamment en Egypte, a eu pour conséquence de jeter sur la place des demandes nombreuses, ce qui fait que l'année 1865 a été bonne pour les fabricants de conserves alimentaires.

IMPORTATIONS.

Après avoir indiqué, comme nous venons de le faire, les articles principaux du commerce de Nantes, ceux qui ont le plus d'intérêt pour sa marine et son industrie, nous résumerons dans le tableau suivant les importations effectuées en 1865 tant par le port de Nantes que par ceux de Saint-Nazaire et de Paimbœuf, comparées avec les chiffres correspondants de 1864.

Nous ferons dès ici remarquer que, sauf les bois de construction venus de Prusse et les engrais reçus de Hambourg, il n'a été introduit à Nantes aucune autre marchandise de ces provenances.

PRINCIPAUX ARTICLES D'IMPORTATION.	1864.	1865.
Sucre brut exotique..................kilog.	51.586.374	58.459.481
Café............................ —	2.040.767	2.420.057
Cacao.......................... —	919.921	1.720.877
Poivre......................... —	445.520	339.734
Riz............................ —	2.581.786	772.095
Vanille......................... —	3.471	6.806
Thé............................ —	100	645
Clous de girofles................. —	»	21.741
Fruits secs d'Espagne et de Portugal... —	33.965	101.694
Oranges et citrons................. —	74.437	169.710
Fromages de Hollande.............. —	230.797	259.594
Morues......................... —	368.395	518.923
Rhum et tafia.................litres.	38.055	80.424
Vins de liqueur.................. —	»	58.314
Huile d'olive..................kilog.	734.437	1.389.686
Huile de palme et de coco.......... —	205.301	357.737
Graines d'arachides............... —	1.450.445	2.884.764
Graines de sésame................ —	1.249.205	175.564
Graine de lin.................... —	220.500	24
Suif brut et saindoux.............. —	»	465.700
Coton.......................... —	233.162	197.310
Chanvre de Russie................ —	»	495.953
Lin de Russie.................... —	»	675.300
Jute........................... —	»	122.100
Joncs et roseaux................. —	»	87.194

PRINCIPAUX ARTICLES D'IMPORTATION.	1864.	1865.
Bois de construction................kilog.	35.458.653	33.222.590
Bois d'ébénisterie..................... —	424.253	153.515
Bois de teinture...................... —	1.767.913	210.705
Peaux sèches et salées............... —	328.082	168.047
Houille............................... —	190.316.468	240.310.800
Fer................................... —	4.384.565	3.829.404
Fonte................................. —	8.638.046	10.216.126
Minerai de fer........................ —	»	2.839.220
Plomb................................ —	2.149.202	1.729.637
Cuivre............................... —	44.327	295.483
Étain................................ —	141.881	193.207
Guano................................ —	16.001.270	8.113.522
Noir de raffinerie et engrais........... —	7.392.930	9.118.002
Os et sabots de bétail............... —	»	442.681
Goudrons et bitume.................. —	»	5.113.342
Sulfate de soude..................... —	»	454.110
Sels de soude....................... —	»	143.445

A l'exception de quelques marchandises telles que les riz, les graines de lin et de sésames, les bois, les guanos, etc., l'année 1865 présente une augmentation sur les importations de 1864; cette augmentation porte principalement sur les sucres exotiques, c'est ce que constate le tableau suivant des perceptions de droits de la douane de Nantes.

NATURE DES PERCEPTIONS.	1864.	1865.
	FR.	FR.
Droits d'importation sur marchandises diverses......	2.438.081	2.148.547
— — sucre { des colonies françaises..	8 738.747	14.513.607
sucre { des pays étrangers.....	6.780.776	4.605.277
Droits de navigation............................	235.040	171.617
Recettes accessoires............................	41.140	31.816
Droits des sels.................................	1.800.776	1.638.927
	20.034.560	23.109.791
Augmentation pour 1865.......................	3.075 231	

EXPORTATIONS.

Les principaux articles d'exportation de Nantes sont, comme nous l'avons déjà vu, en première ligne, les grains et les farines; puis viennent ensuite les sucres raffinés, les viandes salées, les tourteaux de graines oléagineuses, etc. ; mais ce sont là des objets qui, s'ils intéressent particulièrement la navigation du grand cabotage, ne donnent lieu à aucun aliment pour celle du long-cours, aussi les navires attachés à la grande navigation sont-ils obligés, le plus souvent, d'aller chercher ailleurs des frets de sortie.

Les navires qui s'expédient pour le long-cours n'emportent en général que des marchandises encombrantes et de valeurs relativement minimes; on peut cependant en excepter les farines, les viandes salées, les conserves alimentaires, les animaux vivants, les ouvrages en métaux, articles plus spécialement destinés aux colonies françaises.

Des envois importants de machines destinées au percement de l'isthme de Suez ont été faits pour Port-Saïd; deux bateaux à vapeur hambourgeois ont pris part à ce transport.

Les exportations directes pour la Prusse se sont réduites à un seul navire chargé d'ardoises pour Stettin.

Il n'a été expédié, pour les villes hanséatiques, que du sucre raffiné et des mélasses, savoir :

Pour Hambourg 2 navires jaugeant 299 tonneaux ;

Pour Lubeck   7   —   —   662   —

Deux navires également chargés de sucres et de mélasses ont été dirigés sur Rostock.

Voici quelles ont été les principales marchandises exportées tant de Nantes que de Saint-Nazaire et de Paimbœuf pendant l'année 1865, avec les chiffres comparatifs de l'année précédente.

PRINCIPAUX ARTICLES D'EXPORTATION.	1864.	1865.
Grains et farines..................kilog.	81.570.280	151.125.760
Biscuits de mer................... —	36.481	30.813
Riz................................ —	411.088	526.761
Pommes de terre................... —	938.240	818.759
Oignons........................... —	488.773	61.507
Légumes secs...................... —	1.238.969	675.165
Légumes salés ou confits.......... —	»	42.789
Sucre raffiné..................... —	9.647.233	11.369.095
Mélasse........................... —	1.385.400	1.824.938
Viandes salées.................... —	1.337.436	1.743.039
Fromages.......................... —	»	65.251
Beurre............................ —	73.987	105.722
Miel.............................. —	28.179	7.010
Suif et saindoux.................. —	279.140	192.639
Poissons à l'huile................ —	137.051	117.645
Vins...........................litres.	617.396	494.283
Eau-de-vie........................ —	»	16.450
Vinaigre.......................... —	35.691	29.681
Bière............................. —	56.104	62.397
Bougies et stéarine...............Fcs.	37.512	13.124
Savon..........................kilog.	»	45.519
Graine de lin..................... —	»	125.454
Huile d'olive..................... —	»	32.920
Huile de graines grasses.......... —	»	91.883
Tourteaux de graines oléagineuses..... —	1.173.301	2.007.485
Verreries de toutes sortes........ —	184.264	152.700
Houille........................... —	»	29.988.200
Chaux............................. —	1.780.000	697.900
Ardoises.......................pièces.	1.181.558	1.719.245
Briques........................... —	1.328.228	610.288
Ocre...........................kilog.	417.455	346.258
Mules vivantes..................têtes.	985	597

PRINCIPAUX ARTICLES D'EXPORTATION.	1864.	1865.
Paille , foin et son..................kilog.	1.036.983	768.563
Feuillards......................pièces.	1.077.728	1.959.642
Chanvre........................kilog.	18.347	15.875
Guano............................ —	78.000	32.000
Noir d'os......................... —	577.508	537.933
Minerai de fer..................... —	250.000	1.450.000
Fer étiré......................... —	323.693	328.120
Zinc laminé....................... —	8.442	9.784
Machines et mécaniques..............Fᶜˢ.	1.505.430	2.752.174
Ouvrages en métaux................kilog.	2.797.628	2.485.551
Armes de guerre................... —	»	59.966
Projectiles de guerre............... —	»	555.077
Bâtiments de mer..................tonn.	»	239
Tissus de toile ....kilog.	88.217	102.839
Tissus de laine.................... —	451.539	319.843
Tissus mélangés................... —	40.314	5.094
Tissus de coton.................... —	157.958	216.053
Papier de toute sorte............... —	67.670	46.910
Livres........................... —	37.405	37.985
Peaux ouvrées..................... —	36 466	40.132
Meubles ....Fᶜˢ.	»	195.130
Cordages........................kilog.	88.785	125.623

NAVIGATION.

L'année 1865 a vu mettre à exécution différents traités de commerce et de navigation, conclus entre la France et les principales contrées du nord de l'Europe; nous mentionnerons ici le traité de 1862, conclu par la Prusse au nom des États du Zollverein, le traité avec les villes de Hambourg, Brême et Lubeck, le traité avec la Suède et la Norwège, et celui avec le Mecklembourg-Schwerin.

Ces traités ont eu pour résultat de diminuer, à l'égard de la navigation directe, les droits de tonnage auxquels étaient soumis en France les navires appartenant aux nations ci-dessus désignées; mais il faut bien le reconnaître, sans modifier l'ancien état de choses existant, et sans apporter une liberté de plus au système presque prohibitif qui régit encore la navigation indirecte.

D'après ce système, la navigation indirecte, c'est-à-dire celle qui est effectuée entre un port étranger et un port français par un navire étranger, ne portant pas le pavillon du pays d'où il vient, demeure frappée d'un droit de tonnage de 4 fr. 50 par tonneau et de droits différentiels sur le chargement. le tout équivalant à une prohibition. Le projet de loi sur la marine marchande, présenté au Corps Législatif le 28 mars 1865, promet de faire bientôt disparaître cet état de choses : l'art. 4 dudit projet établit qu'à partir du 1er janvier 1868 tous les droits de tonnage seront supprimés, et l'art. 5 dispose que, dans un certain délai, les surtaxes de pavillon qui frappent la marchandise importée par navires étrangers seront également supprimées.

La navigation directe seule a vu améliorer sa condition; les navires appartenant aux nations qui ont des traités avec la France, peuvent venir avec chargements de leurs ports respectifs, ou de partout ailleurs sur lest, en ne payant qu'un droit de 50 cent. à 1 fr. suivant le pavillon; c'est là certainement un avantage dont il faut reconnaître l'importance, et sous l'influence duquel le nombre des navires étrangers s'est déjà notablement accru, ainsi que les chiffres qui suivent vont nous l'indiquer.

Voici quelle a été l'importance du mouvement maritime à Nantes en 1865 et la part qu'y ont prise les avant-ports de Saint-Nazaire et de Paimbœuf :

PAYS DE PROVENANCE OU DE DESTINATION.	NAVIRES FRANÇAIS.						NAVIRES ÉTRANGERS.					
	NANTES.		St-NAZAIRE.		PAIMBŒUF.		NANTES.		St-NAZAIRE.		PAIMBŒUF.	
	navires.	tonnage.	navires.	tonnage.	navires.	tonnage.	navires.	tonnage.	navires.	tonnage.	navires	tonnag.
ENTRÉES.												
Venant des colonies françaises — chargés.	3	529	87	33.756								
— sur lest.	.....	....	1	352								
d° des pays hors d'Europe. chargés.	3	601	82	46.084	.....	....	.....	....	27	12.083		
d° des pays d'Europe.... chargés.	1.144	99.815	186	22.556	13	1.009	213	27.105	171	49.364	16	3.78
— sur lest.	.....	....	.....	....	.....	....	14	1.913	16	5.095		
d° de la pêche de la morue.......	9	743										
	1.159	101.688	356	102.748	13	1.009	227	29.018	214	66.542	16	3.78
SORTIES.												
Allant aux colonies françaises — chargés.	7	1.802	53	17.939								
— sur lest.	.....	....	1	486								
d° aux pays hors d'Europe — chargés.	12	2.918	31	27.006	.....	....	1	113	5	1.862		
— sur lest.	5	2.365	21	9.432	.....	....	.....	....	4	1.285		
d° aux pays d'Europe.... chargés.	818	78.880	28·	5.445	10	910	189	23.945	64	15.868	3	76
— sur lest.	99	9.062	204	31.255	5	381	15	4.241	134	45.264	11	2.76
d° à la pêche de la morue........	.....	....	2	432								
	941	95.027	339	91.995	15	1.291	205	28.299	207	64.279	14	3.52

Les indications des tableaux qui précèdent nous conduisent aux résultats suivants, qui en sont le résumé.

	NAVIRES FRANÇAIS		NAVIRES ÉTRANGERS		TOTAL.	
Il est entré à Nantes.........	1159 nav.	101.688 t^x	227 nav.	29.018 t^x	1386 nav.	130.706 t^x
— Saint-Nazaire....	356	102.748	214	66.542	570	169.290
— Paimbœuf.......	13	1.009	16	3.787	29	4.796
Ensemble en 1865..........	1528	205.445	457	99.347	1985	304.792
Il était entré en 1864........	1766	200.657	311	61.872	2077	262.529
— 1863........	1632	197.774	352	73.551	1984	271.325
Il est sorti de Nantes........	941 nav.	95.027 t^x	205 nav.	28.299 t^x	1146 nav.	123.326 t^x
— Saint-Nazaire...	339	91.995	207	64.279	546	156.274
— Paimbœuf......	15	1.291	14	3.528	29	4.819
Ensemble en 1865..........	1295	188.313	426	96.106	1721	284.419
Il était sorti en 1864........	1391	183.549	329	70.856	1720	254.405
— 1863.........	1277	181.051	322	66.044	1599	247.095

De son côté, la navigation du cabotage, entre ports français, nous fournit les chiffres qui suivent :

	NAVIRES CHARGÉS.		NAVIRES AU LEST.	
A l'entrée :				
Nantes...............	1.624 nav.	76.240 tx	362 nav.	22 225 tx
Saint-Nazaire........	197	12.318	41	3 261
Paimbœuf..........	17	390	47	2.257
Navires chargés...	1.838	88.948	450 nav.	27 743
Navires au lest....	450	27.743		
Total à l'entrée.	2.288 nav.	116.691 tx		

	NAVIRES CHARGÉS.		NAVIRES AU LEST.	
A la sortie :				
Nantes.............	1.470 nav.	68.645 tx	721 nav.	36.757 tx
Saint-Nazaire........	141	18.709	145	13.418
Paimbœuf...........	36	1.458	24	848
Navires chargés...	1.647	88 812	890	51.023 tx
Navires au lest....	890	51.023		
Total à la sortie..	2.537 nav.	139.835 tx		

En réunissant le résultat de la grande navigation à celui fourni par le cabotage, on arrive à reconnaître que l'importance totale de la navigation de la Loire maritime a été en 1865 :

A l'entrée 4,273 navires jaugeant 421,483 tonneaux.

A la sortie 4,258 — — 424,254 —

Si nous recherchons quelle a été l'importance de la navigation de Nantes avec les colonies françaises, navigation exclusivement réservée au pavillon français, nous arriverons aux résultats qui suivent :

NAVIRES FRANÇAIS *Venant de ou allant à*	ENTRÉS.		SORTIS.	
Ile de la Réunion.........	55 nav.	23.936 tx	15 nav.	6.698 tx
Guyane française.........	»	»	14	4.465
Martinique..............	13	3 542	18	5.266
Guadeloupe.............	17	5.166	9	2.381
Algérie.................	1	78	1	101
Mayotte et Nossi-Bé........	4	1.563	2	658
	90 nav.	34.285 tx	59 nav.	19.569 tx
Il y avait eu en 1864.......	79 nav.	25.660 tx	82 nav.	28.489 tx

D'autre part, la navigation du long-cours avec les pays étrangers hors d'Europe, à laquelle les pavillons étrangers ont participé dans une faible mesure, se trouve indiquée comme suit :

NAVIRES CHARGÉS A L'ENTRÉE.

Venant de	PAVILLON FRANÇAIS.		PAVILLON ÉTRANGER.	
Mogador............	1 nav.	103 tx		
Sierrra-Leone, etc...	11	4.207	1 anglais.......	150 tx
Maurice...........	11	4.866	4 anglais.......	1.541
			1 schleswig-hols.	282
			1 suédois......	420
Madagascar........	1	284		
Akyab, Colombo, etc.	2	491	1 suédois	250
Batavia............	4	1.655		
Sumatra...........	1	239		
Manille............	1	488		
Hong-Kong.........	1	492		
New-York..........	1	201		
Vera-Cruz	13	17.402		
Aspinwall..........	4	3.874		
Porto-Cabello.......	1	220		
Para..............	4	987		
Rio-Janeiro............			1 anglais.......	254
Montevideo........	1	231		
Callao.............	6	2.868	1 américain....	994
			3 anglais.......	2.582
Cap-Haïtien........	3	655		
Cardenas.....	1*	500		
Havane............	14	5 840	3 anglais.......	1.046
			2 russes	565
Porto-Rico............			1 anglais.......	412
Trinidad..........	3	876		
Canada............			5 anglais.......	2.306
			1 hanovrien....	603
			2 norwégiens...	678
	84 nav.	46.479 tx	27 navires.......	12.083 tx
Chiffres comparatifs de l'année 1864...	67 nav.	31.885 tx	30 navires.......	16.331 tx

NAVIRES CHARGÉS A LA SORTIE.

Allant à	PAVILLON FRANÇAIS.		PAVILLON ÉTRANGER.	
Port-Saïd..........	5 nav.	947 tx	2 hambourgeois..	837 tx
			3 anglais........	1.025
Mogador............	2	227	1 anglais........	113
Sierra-Leone........	1	368		
Maurice............	5	1.862		
Shang-Haï..........	1	389		
Saigon.............	1	356		
Matamoros.........	1	205		
Vera-Cruz..........	13	18.450		
Aspinwall..........	5	4.769		
Para...............	1	230		
Trinidad...........	5	1.469		
Saint-Thomas.......	1	353		
Islay (Pérou).......	1	79		
	42 nav.	29.694 tx	6 navires......	1.975 tx
Chiffres comparés de 1864..........	36 nav.	18.206 tx	1 navire........	885 tx

En analysant les résultats produits par la navigation française avec les pays d'outre-mer, en dehors des colonies françaises, on remarquera que le tonnage à l'entrée est de 50 °/. supérieur au chiffre de l'année 1864.

Mais ce tonnage, pour exprimer le mouvement réel des relations commerciales avec lesdits pays, doit être diminué de 21,200 tonneaux, chiffre pour lequel figurent dans ce relevé les paquebots transatlantiques partant de Saint-Nazaire; il restera par conséquent 25,000 tonneaux attribués au pavillon français, en présence de 12,000 tonneaux fournis par la navigation étrangère.

La sortie, déduction faite des mêmes paquebots transatlantiques, n'a présenté qu'un tonnage effectif de 6,500 tonneaux.

Trois bâtiments anglais et deux bateaux à vapeur hambourgeois ont été expédiés à Port-Saïd avec des machines destinées au percement de l'isthme de Suez. Ces bateaux à vapeur ont en outre pris, comme passagers, des ouvriers terrassiers bretons, savoir : *la Minerva*, cap. Blohm, 203 individus, et *l'Astronom*, cap. Schultz, 101.

— 30 —

Il nous reste à examiner, en dernier lieu, l'importance de la navigation du port de Nantes avec les pays d'Europe, navigation improprement désignée sous le nom de *navigation de concurrence*, attendu que les divers pavillons ne peuvent encore y participer d'une manière égale et au même titre, et qu'il n'y a à pouvoir faire de concurrence directe au pavillon français que les navires portant le pavillon du pays d'où ils viennent.

Cette navigation, qui a été fort active pendant le cours de 1865, a présenté, tant à l'entrée qu'à la sortie, les résultats consignés aux tableaux suivants :

PAYS DE PROVENANCE.	FRANÇAIS.		ÉTRANGERS. Appartenant au pays d'où ils viennent.		AUTRES PAVILLONS.		
	navires.	tonnage.	nav.	tonn.	nav.		tonn.
Russie	11	1.432	7	1.515	1	Anglais.	169
					2	Pays-Bas.	330
					1	Hanovrien.	150
					1	Norwégien.	163
					1	Danois.	97
Suède.	46	5.144	1	83	11	Norwégiens.	3.571
Norwége.	55	6.052	38	10.067			
Angleterre.	1.138	102.343	276	52.620	1	Belge.	143
					1	Pays-Bas.	128
					1	Russe.	255
Prusse	4	589	21	5.408	5	Pays-Bas.	497
Hambourg.	10	748					
Pays-Bas	12	932	21	3.238			
Belgique.	13	852					
Portugal.	8	845	1	176			
Espagne.	32	2.801	2	213			
Autriche.					1	Pays-Bas.	147
Italie.	14	1.642	7	1.286			
			374	74.606	26		5.650
			26	5.650			
	1.343	123.380	400	80.256			
Il y avait eu en 1864.	1.614	142.601	279	45.153			

PAYS DE DESTINATION.	NAVIRES CHARGÉS.						
	FRANÇAIS.		ÉTRANGERS.				
			Appartenant au pays où ils vont.		AUTRES PAVILLONS.		
	nav.	tonn.	nav.	tonn.	nav.		tonn.
Russie	1	100					
Suède	15	1.595	2	407	1	Norwégien.	74
					1	Pays-Bas.	148
Norwége	16	1.645	3	744			
Danemarck	4	488	1	115	1	Pays-Bas.	91
					5	Russes.	1.328
					3	Norwégiens.	1.272
					14	Pays-Bas.	1.845
					13	Prussiens.	2.529
Angleterre	664	64.651	184	27.659	3	Hanovriens.	838
					1	Belge.	146
					1	Portugais.	145
					1	Espagnol.	252
					1	Italien.	107
Prusse			1	161			
Mecklembourg	2	212					
Hambourg	2	299					
Lubeck	7	662					
Pays-Bas	43	3.718	8	817	1	Norwégien.	42
					2	Anglais.	279
Belgique	15	1.287					
Portugal	52	5.485	1	172			
Espagne	8	861	2	213			
Autriche			1	246			
Italie	27	4.232	5	945			
			208	31.479	48		9.096
			48	9.096			
	856	85.235	256	40.575			
Résultats de 1864	503	51.341	191	26.368			

L'examen de ces chiffres, comparés avec ceux de 1864, indique qu'à l'entrée le pavillon français a perdu 271 navires et 19,221 tonneaux, tandis que le pavillon étranger a gagné 121 navires et 35,103 tonneaux.

A la sortie, par suite des nombreux chargements de grains et de farines qui ont été expédiés dans les derniers mois de l'année, le pavillon français a gagné 353 navires et 33,894 tonneaux; de son côté la navigation étrangère a également trouvé sur les chiffres de 1864 augmentation de 65 navires et de 14,207 tonneaux.

Les résultats de la navigation de Nantes et de ses avant-ports, que nous venons d'indiquer dans cet exposé, démontrent que, dans la navigation dite de concurrence, le pavillon étranger tend à s'élever au niveau du pavillon français; et qu'en ce qui concerne la navigation réservée, elle souffre du manque de frets de sortie; cette observation a été constatée depuis déjà longtemps par les Chambres de Commerce des différents ports de France.

Le nombre des navires prussiens venus en ce port est inférieur à celui de l'année 1864, mais néanmoins il y a eu augmentation sur l'ensemble du tonnage.

Il était arrivé en 1863, 35 navires formant 4,941 lasts,
et en.......... 1864, 24   —   —   3,096 —
Il est venu en... 1865, 20   —   —   3,551 —

Aucun navire appartenant aux villes hanséatiques, autre que les deux bateaux à vapeur hambourgeois que nous avons déjà mentionnés, n'est entré en ce port pendant le cours de l'année.

Nous ne terminerons pas cet exposé de la navigation de Nantes sans dire un mot sur l'état dans lequel se trouve son propre port et les ports de Saint-Nazaire et de Paimbœuf.

La position est toujours telle que nous l'avons signalée l'année passée ; la navigation de la Loire est difficile et les navires ne peuvent monter à Nantes avec un tirant d'eau supérieur à 3 mètres 60 ; tous les grands navires s'arrêtent à Saint-Nazaire; il est bien rare aujourd'hui de voir des longs-courriers amarrés aux quais de Nantes.

Les navires venant d'Angleterre avec des chargements de charbon, ceux qui apportent des résidus de raffineries, des minerais et quelques-uns avec des bois de Prusse, sont, avec les bâtiments affectés au petit cabotage, à peu près les seuls qui accomplissent leurs déchargements dans le port de Nantes.

Quant aux expéditions de grains, de farines et de sucres raffinés, elles s'effectuent pour la plupart de Nantes même, soit par les navires qui ont apporté des charbons ou d'autres marchandises, soit par ceux qui arrivent sur lest.

Les études régulières d'un canal de Nantes à la mer se poursuivent sous la direction de la Chambre de Commerce; mais si les difficultés de construction peuvent être vaincues un jour par la science, le côté difficile de la question sera de réunir les fonds nécessaires à l'exécution d'une pareille entreprise; c'est là que viendra vraisemblablement échouer ce projet.

Le port et les quais de Paimbœuf continuent à s'ensabler d'une manière inquiétante pour cette localité; néanmoins, le mouillage des quatre amarres est encore accessible aux navires de 4 mètres à 4 mètres 50; les déchargements s'y effectuent commodément, surtout pour les navires chargés de longues pièces de bois ou de mâture; c'est pour ce motif que la plupart des navires prussiens venus dans le cours de cette année y ont accompli leurs opérations.

L'entrée de la Loire a été améliorée par l'établissement du phare de la Banche, construit sur un banc très-dangereux, qui barre l'embouchure de ce fleuve. Le phare de la Banche est un feu fixe rouge de 3e ordre.

Un autre feu de 4e ordre a été construit à la pointe de la Ville-ès-Martin pour diriger les navires entrant en Loire; il est allumé depuis le commencement de 1865.

Droits et frais de Navigation.

Les frais auxquels se trouvent soumis les navires des états du Zollverein et des villes hanséatiques, en venant à Nantes, sont différents suivant que ces navires s'arrêtent à Saint-Nazaire, Paimbœuf, ou bien montent jusqu'à Nantes.

Voici les dépenses qu'aurait à débourser dans l'un ou l'autre de ces cas un navire jaugeant 100 lasts de Prusse ou 150 tonneaux français.

Navire chargé entrant à	NANTES.		PAIMBŒUF.		ST. NAZAIRE.	
	F.	C.	F.	C.	F.	C.
Droits sanitaires 10 cent. par tonneau............	15	»	15	»	15	»
Droits de tonnage pour un navire prussien venant directement des ports du Zollverein avec chargement, ou d'ailleurs sur lest (Angleterre exceptée)...............................	150	»	150	»	150	»
Frais de passe-port, acquit et timbre............	2	80	2	80	2	80
Pilotage de Belle-Isle à Saint-Nazaire, avec un tirant d'eau estimé à 3m 60; 8 distances à 13 fr..	104	»	104	»	104	»
Pilotage de la rade de Saint-Nazaire au bassin.....	»	»	»	»	10	»
Frais de halage estimés........................	»	»	»	»	35	»
Droit d'aussière, 3 cent. par tonneau	»	»	»	»	4	50
Pilotage de Saint-Nazaire à Paimbœuf, tirant d'eau 3m 60, 2 distances à 13 fr....................	26	»	26	»	»	»
Pilotage de la rade de Paimbœuf aux Quatre-Amarres...................................	»	»	10	»	»	»
Bateau d'aide.................................	»	»	20	»	»	»
Pilotage de Paimbœuf à Nantes..................	42	80	»	»	»	»
Mouvement dans le port.......................	6	»	»	»	»	»
Au courtier pour déclaration d'entrée............	12	»	12	»	12	»
Courtage, 50 cent. par tonneau de chargement sur une estimation de 225 tonneaux...............	112	50	112	50	112	50
Total des frais à l'entrée dans l'un ou dans l'autre des ports désignés...........................	471	10	452	30	445	80

Droits de tonnage. — Les navires hanséatiques venant des ports du Zollverein sont traités de la même manière que les navires Prussiens, cependant lorsqu'ils viennent d'un des ports hanséatiques, le droit n'est que de 50 cent. par tonneau, à l'exception des navires Bremois, venant de Brême qui sont exempts de droit.

Les navires prussiens et hanséatiques venant d'Angleterre sur lest, paient comme les navires français un droit de 1 fr. 20 par tonneau et les frais de passe-port, d'acquit et de timbre sont élevés à 5 fr. 20.

Ces mêmes navires venant avec chargement, d'ailleurs que des ports des états du Zollverein ou des villes hanséatiques, restent soumis à l'ancien droit de 4 fr. 50 par tonneau, augmenté de 25 francs par navire pour frais d'expédition, d'acquit et de passe-port. Dans ce cas les frais de pilotage et de courtage sont augmentés de la moitié en plus.

Remorquage. — Les navires qui se font remorquer de Saint-Nazaire ou de Paimbœuf à Nantes ne paient que les trois quarts du pilotage indiqué.

Le remorquage est tarifé à 1 fr. 75 par tonneau de chargement de Saint-Nazaire à Nantes, à 1 fr. 25 de Paimbœuf et à 90 cent. du Pellerin; la marchandise supporte les deux tiers de ces frais, sauf convention contraire.

Navire chargé sortant de	NANTES.		PAIMBŒUF.		ST.-NAZAIRE.	
	F.	C.	F.	C.	F.	C.
Déclaration de sortie	12	»	12	»	12	»
Courtage, 50 cent. par tonneau de chargement estimé à 200 ton	100	»	100	»	100	»
Pilotage de Nantes à Paimbœuf	42	80	»	»	»	»
— des Quatre-Amarres à la rade	»	»	10	»	»	»
— de Paimbœuf au Pilier, 6 distances à 7 f. 80.	46	80	46	80	»	»
— du bassin en rade de Saint-Nazaire	»	»	»	»	10	»
Halage à la sortie du bassin	»	»	»	»	15	»
Aussière à la sortie du bassin, 2 cent. par tonneau.	»	»	»	»	3	»
Pilotage de Saint-Nazaire au Pilier, 4 distances à 7 fr. 80	»	»	»	»	31	20
Total des frais à la sortie de l'un ou de l'autre des ports désignés	201	60	168	80	171	20

Courtage. — Les navires entrant ou sortant sur lest ne sont, dans chacun de ces cas, soumis à d'autre droit de courtage que celui de déclaration d'entrée ou de sortie.

Lorsque les navires amarrés à Paimbœuf ou à Saint-Nazaire font leur déclaration à Nantes, le courtage est de 60 cent. par tonneau au lieu de 50 cent. et sert à rémunérer les deux courtiers employés.

Le remorquage au départ de Nantes n'est pas tarifé, on peut le calculer à 1 fr. par tonneau de chargement.

Navires attachés au port de Nantes
et à celui de St-Nazaire.

Au 1er janvier 1865, le nombre des navires attachés au port de Nantes était de...................... 655 jaugeant...... 110 875 ton.
Au port de Saint-Nazaire, de...... 87 — 11.692

742   122.567

Il existe au 1er janvier 1866 :

A Nantes.............. 649 nav.   112.307 ton.
A Saint-Nazaire........ 95   18.893

744   131.200

Augmentation en 1865......... 2 navires   et 8 633 ton.

Le classement des navires existant au 1er janvier 1866 est indiqué au tableau suivant :

	NAVIRES ATTACHÉS AU PORT DE NANTES.		DE SAINT-NAZAIRE.	
De 800 tonneaux et au-dessus.	» nav.	» ton.	8 nav.	11.226 ton.
700 à 800...............	4	3.009	»	»
600 à 700...............	1	612	»	»
500 à 600...............	19	10.388	»	»
400 à 500...............	47	21.468	1	407
300 à 400...............	59	21.458	7	2 621
200 à 300...............	56	14.030	4	916
100 à 200...............	180	23.343	6	911
60 à 100...............	192	15.016	20	1 529
30 à 60...............	52	2.338	16	778
20 à 30...............	20	508	4	94
10 à 20...............	4	55	25	401
Au-dessous de 10..........	15	82	4	10
	649 nav.	112.307 ton.	95 nav.	18.893 ton.

Parmi ces navires figurent :

A Nantes........ 16 bateaux à vapeur de la force de   777 chevaux
A Saint-Nazaire... 26 — — 6.947 —

Lignes régulières de bateaux à vapeur.

L'ouverture du chemin de fer entre Nantes et Châteaulin a eu pour effet de faire cesser le service de bateaux à vapeur qui existait entre Nantes, Lorient, Brest et le Havre.

Les deux Compagnies qui effectuent le transport de marchandises entre Nantes et Bordeaux continuent à fonctionner activement.

La Compagnie générale transatlantique a inauguré, dans le mois d'août dernier, son service direct avec l'isthme de Panama, lequel, ainsi que le service du Mexique, s'effectue avec une régularité remarquable.

Ces deux lignes sont organisées comme suit :

1° Départ de Saint-Nazaire pour la Vera-Cruz, le 16 de chaque mois, avec escales à Saint-Thomas et à la Havane.

Il existe à Saint-Thomas deux services annexes : l'un se dirigeant à Fort-de-France (Martinique) avec escale à la Pointe-à-Pitre (Guadeloupe); l'autre allant à Kingstown (Jamaïque) avec escales à Porto-Rico, le Cap (Haïtien) et Santiago de Cuba.

Un autre service annexe est établi de la Vera-Cruz à Matamoros, avec escale à Tampico.

2° Départ de Saint-Nazaire pour Aspinwal (isthme de Panama) le 8 de chaque mois, avec escales à Fort-de-France (Martinique) et à Sainte-Marthe (États-Unis de Colombie).

Deux autres services annexes sont établis à la Martinique : l'un entre Fort-de-France (Martinique) et la Pointe-à-Pitre (Guadeloupe); l'autre de Fort-de-France à Cayenne, avec escales à Sainte-Lucie, Saint-Vincent, la Grenade, la Trinidad, Demerary et Surinam.

INDUSTRIE.

Constructions navales.

Cette industrie, à laquelle se rattachent tant d'intérêts secondaires, est dans un état de stagnation presque complet, aucune demande importante n'a été faite aux constructeurs de Nantes pendant cette année.

En 1864 il avait été construit 44 navires, jaugeant 9,097 tonneaux, on ne compte en 1865 que 28 navires d'une capacité de 6,089 tonneaux.

Cependant trois grands chantiers sont organisés à Nantes pour pouvoir livrer des bâtiments du plus grand modèle, soit en bois, soit en fer; il suffira de citer des constructions telles que la frégate cuirassée *Castelfidardo*, les batteries flottantes livrées l'année dernière au gouvernement impérial. puis le *Shang-Haï* et le *San-Francisco* pour faire apprécier tout le mérite des constructeurs nantais.

On avait espéré un instant qu'une des frégates cuirassées, commandées dans le courant de cette année pour la marine prussienne, recevrait son exécution à Nantes, mais cette demande a été confiée aux forges et chantiers de la Méditerranée; il y a lieu de penser que lorsque de nouveaux besoins se feront sentir, Nantes ne sera pas oubliée.

Au mois de février 1865, un des principaux chantiers de Nantes a livré au gouvernement français 10 bateaux de débarquement en tôle d'acier pour les ports de Toulon, Cherbourg et Rochefort; un autre a fourni 10 chalands en tôle d'acier pour la marine impériale.

Le troisième des grands chantiers continue à trouver un aliment dans les travaux considérables dont il a été chargé par la compagnie de l'isthme de Suez, ainsi que dans la construction de ponts en fer.

Les chantiers de Saint-Nazaire offrent toujours une grande activité; des 6 paquebots commandés en 1863 par la compagnie générale transatlantique quatre ont été achevés: l'*Impératrice-Eugénie*, la *France*, le *Nouveau-Monde* et le *Panama*; il reste encore à terminer le *Saint-Laurent* et le *Darien*.

Le chantier de Saint-Nazaire a en outre reçu diverses commandes du commerce et de l'État; il achève en ce moment trois paquebots d'une grandeur moyenne destinés au service spécial de la Corse, un bateau-ponton pour l'administration de la marine et un navire à voiles de 1000 tonneaux.

Il est employé, dans cet établissement, 1800 à 2000 ouvriers français; on espère que la préférence que la marine marchande semble accorder aujourd'hui aux constructions en fer sur celles en bois, permettra aux chantiers de Saint-Nazaire de se maintenir et de se développer dans cette localité.

Établissements métallurgiques.

Nous avons déjà eu occasion de signaler ce fait, que les nombreux établissements métallurgiques situés dans l'arrondissement de Châteaubriant ont tous succombé, à l'exception du haut fourneau de la Poitevinière, qui produit des fontes destinées aux forges de la Basse-Indre.

A Nantes, l'industrie métallurgique s'est ressentie du ralentissement qui s'est manifesté dans les travaux de constructions navales, et les ateliers ont été peu ou point occupés.

La plus importante des usines de Nantes a trouvé, dans l'exécution de commandes de matériel fixe pour les chemins de fer italiens et espagnols, un travail considérable assuré pour plusieurs mois. Cette même usine se livre en outre à la fabrication des canons en fonte, bronze et acier, de même qu'à celle des obus, mortiers, fusées et projectiles de guerre; elle est la seule qui exploite en France ce genre d'industrie; elle a exporté pendant le cours de l'année 555,000 kil. de projectiles creux.

Raffineries.

L'une des trois principales raffineries dont est dotée la ville de Nantes, a dû cesser ses travaux pendant le cours de l'année, elle se trouve néanmoins en voie de reconstitution et l'on espère que cet établissement qui consommait annuellement 30 millions de kilog. de sucres exotiques et qui exportait 8 à 9 millions de sucre raffiné, pourra prochainement reprendre le cours de ses opérations.

Les deux autres raffineries ne peuvent, malgré toute leur activité, suffire aux besoins de la consommation et aux demandes faites pour l'exportation.

La fabrication des sucres candis, à laquelle se livrent deux établissements de cette ville, est une industrie prospère dont les produits trouvent un placement facile auprès des fabricants de vin de champagne.

Il se fonde à Nantes une fabrique destinée à clarifier les sirops de mélasse produits par les trois principales raffineries; elle doit fonctionner dans peu de mois.

Filatures de coton.

La fin de la guerre d'Amérique n'a pas eu pour effet de mettre un terme à la situation fâcheuse de l'industrie cotonnière dans le département de la Loire-Inférieure; les filatures qui avaient interrompu leurs travaux ne les ont pas repris.

Cette mauvaise position est due, non-seulement à l'irrégularité actuelle dans le cours des cotons en laine, mais encore à l'état défectueux du matériel des filatures et de leurs moyens de tissage.

Une des plus importantes manufactures se remonte en machines nouvelles et perfectionnées; une autre se dispose à suivre cet exemple et il est probable qu'avec un matériel nouveau ces établissements retrouveront leur ancienne prospérité.

Industries diverses.

Les autres industries existant à Nantes et dignes d'être mentionnées sont :

La fabrication des huiles de graines et des savons; les savons obtenus à Nantes remplacent avantageusement ceux de Marseille, tant pour la consommation que pour l'exportation.

Les tanneries et corroieries, la fabrication des veaux cirés, celle des chaussures, produits qui s'expédient pour l'Espagne, l'Italie et les pays d'outre-mer.

Nous citerons encore les fabriques suivantes :

Bougies stéariques, biscuits de mer, verreries, papeteries, corderies, une filature de chanvre, des ateliers de grosse chaudronnerie et de chaudières à vapeur; la fabrique des cuisines distillatoires, des machines agricoles, etc.

Tous ces établissements sont exclusivement dirigés par des commerçants français; il n'existe pas de maisons étrangères s'occupant d'industrie dans ce district consulaire, à l'exception de la maison John Scott, de Greenock, à laquelle appartiennent les chantiers de construction de Saint-Nazaire.

ESCOMPTE ET CRÉDIT.

Le commerce n'a pas eu à traverser de crise monétaire comme en 1864, l'escompte s'est maintenu dans des limites raisonnables et les transactions ont été généralement faciles. Les envois considérables de grains et de farines faits pour l'Angleterre ont donné lieu à des tirages importants sur ce pays, qui ont été régulièrement acquittés.

Le taux de l'escompte, tel que le détermine la Banque de France, sert de base aux rapports du commerce avec les banquiers; ce taux a été fixé comme suit pendant le cours de l'année :

du 1er janvier 1865... 4 1/2 0/0	au 10 octobre 5 0/0
— 10 février — ... 4	— 25 novembre. 4
— 10 mars — ... 3 1/2	— 31 décembre......... 4
— 6 octobre — ... 4	

RESSORT DU CONSULAT DE PRUSSE A NANTES.

Agence consulaire de Saint-Nazaire.

Aucun fait saillant n'a été signalé par cette agence qui ne soit déjà compris dans le présent rapport; 4 navires prussiens y ont effectué leurs opérations et 2 bateaux à vapeur hambourgeois sont venus y prendre leur chargement pour l'Egypte.

Agence consulaire de Paimbœuf.

Les navires prussiens se sont arrêtés au nombre de dix à Paimbœuf, et quoique presque tous déclarés au bureau de la Douane de Nantes, ils n'en ont pas moins effectivement séjourné sur cette rade en y accomplissant leur chargement et leur déchargement.

Afin de pouvoir donner aux navires qui s'arrêtent à Paimbœuf, ainsi qu'aux hommes composant leur équipage, une protection efficace, le Gouvernement royal a bien voulu rétablir dans ce port l'agence consulaire qui y existait autrefois.

Vice-Consulat de Lorient.

Il est entré dans le port de Lorient 4 navires prussiens, formant ensemble 1277 lasts, venus de Dantzig avec chargements de bois pour la marine impériale.

Ces navires sont repartis sur lest pour leur port d'armement.

Aucun navire de guerre prussien n'est entré à Lorient pendant le cours de 1865.

Voici quelle a été l'importance de la navigation commerciale de Lorient pendant la même année, sans distinction de pavillon :

Navires venant de ou allant à	ENTRÉES.		SORTIES.	
Angleterre	35 nav.	4.357 ton.	96 nav.	9.331 ton.
Norwége.........	10	1.099	4	826
Suède...........	5	1.326	3	813
Russie..........	3	428	1	218
Prusse..........	5	2.510	3	1.417
Belgique........	1	59	»	»
Pays-Bas........	»	»	3	275
Espagne........	1	118	1	118
Cayenne........	1	240	»	»
	61	10.137	111	12.998

Les principales importations de marchandises ont consisté en :

Rogues de morues de Norwége..................... 1.297.774 kilog.

Bois de construction de Prusse, Suède et Russie...... { 4.682 stères. 353.733 mètres.

Houille anglaise................................. 7 000.000 kilog.

Les exportations se sont composées de :

Froment....................................... 234.000 kil.

Seigle .... 1.007.000 —

Nantes, le 31 Mars 1866.

Le Consul des villes libres hanséatiques, Hambourg, Brême et Lübeck,

M. BARDOT.

Nantes, Imprimerie de VINCENT FOREST et ÉMILE GRIMAUD, place du Commerce, 4.

www.ingramcontent.com/pod-product-compliance
Ingram Content Group UK Ltd.
Pitfield, Milton Keynes, MK11 3LW, UK
UKHW021646090726
13657UKWH00004B/1802